[redacted]

Ballet
SCHOOL

Ontwerper Lisa Lanzarini
Hoofdredacteur Julia March
Raadgever Jane Hackett
Publishing Manager Mary Atkinson
Art Director Mark Richards
Productie Nicola Torode, Erica Rosen

www.lannoo.com/kindenjeugd
www.unieboek.nl

Uit het Engels vertaald door Karin van Camp

D/2003/45/134 - NUR 214, 244
ISBN 90 209 5240 4 (Lannoo)
ISBN 90 269 9725 6 (Van Holkema & Warendorf)

Ballet
SCHOOL

Tekst Naia Bray-Moffatt
Foto's David Handley

lannoo | Van Holkema & Warendorf

Inhoud

Inleiding

Wanneer we nog maar net kunnen lopen, houden we er al van om te dansen. Dit boek laat je met een bijzondere dans kennismaken, die we ballet noemen. Het is een leuke en spannende activiteit, voor meisjes en voor jongens. Je zult nieuwe vriendjes leren kennen en een wereld van betoverende bewegingen ontdekken.

Het eerste wat Jamie moet doen, wanneer ze met haar vader in de balletschool aankomt, is zich inschrijven bij de receptie, zodat de school weet dat ze aangekomen is.

We maken ons klaar

Dit is Jamie's eerste dag op de balletschool. Ze is een beetje zenuwachtig, maar ze kijkt er al heel lang naar uit, en ze heeft alles wat ze nodig heeft voor haar lessen. Veel heb je niet nodig: een haarborstel en een lint om lange haren bij elkaar te houden, en speciale kleren en schoenen om in te dansen. Meestal zal Jamie tijdens de les een balletpakje dragen, waarin ze zich gemakkelijk kan bewegen en waardoor de lerares haar bewegingen gemakkelijk kan volgen.

We kleden ons om

In de kleedkamer ontmoet Jamie een ander nieuw meisje, Jennifer. Jamie is blij dat ze een nieuw vriendinnetje heeft en ze helpen elkaar bij het aantrekken van hun oefenkleren. Algauw zijn ze klaar om aan de eerste les te beginnen.

Verzorgd en netjes zijn

Het is belangrijk dat dansers er verzorgd en netjes uitzien. Jamie helpt Jennifer bij het vastmaken van haar lange haren, zodat die niet in haar ogen of haar gezicht vallen bij het dansen en ze kan zien wat ze doet.

Balletkleren

Jamie heeft alle kleren die ze nodig heeft in een ballettas. Tijdens de oefeningen zal ze een strak, roze balletpakje dragen en zachte roze schoentjes. Een speciale gazen tutu wordt tijdens de voorstellingen gedragen.

Balletschoenen, gemaakt van leer, katoen of satijn, zijn zacht, zodat je je voeten volledig kan strekken.

Anna is een gediplomeerde lerares, die op een balletschool leerde dansen. Ze helpt de kinderen om de oefeningen op de juiste manier te doen.

Aankomst in de klas

De balletles heeft plaats in een grote zaal die studio wordt genoemd, waarin heel veel ruimte is voor Jamie en de andere kinderen om te rennen, te springen en te draaien. Aan één kant zijn er spiegels over de hele lengte van de muur, zodat je je balletposities zelf kan zien. Er is ook een speciale houten vloer die een beetje meegeeft als je springt, zodat hij niet te hard voelt aan je voeten. Houten stangen, barre genoemd, zijn langs de wand vastgemaakt.

Anna neemt de namenlijst door en heet iedereen hartelijk welkom in de klas.

De barre

De houten stangen aan de wanden worden de barre genoemd. Die zijn er om je aan vast te houden terwijl je je balletoefeningen doet.

De spiegel

De piano

Muziek

De dansers leren zich op de maat van de muziek bewegen en de stemming van de muziek uitdrukken door hun bewegingen. In de school van Jamie is er een pianiste die piano speelt tijdens het dansen.

Jamie oefent een knicksje of een révérence.

Opwarmen

Balletlessen beginnen altijd met lichte oefeningen om op te warmen en de spieren in je hele lichaam te trainen. Dit is erg belangrijk want anders kan je jezelf pijn doen en kan je niet meer goed dansen. Dit lesonderdeel kan rustig en langzaam zijn, waardoor je goed kan nadenken over de nieuwe dingen die je aan het leren bent.

Om hun opwarmingsoefeningen te beginnen, zitten de kinderen in een kring met hun benen voor zich uit gestrekt. Alex vindt het moeilijk om zijn benen recht te houden en Anna helpt hem om zijn knieën te strekken.

Rechtop leren zitten

Deze oefening warmt de vingers en de armen op.

Het kroontje opzetten

Om de kinderen te helpen om heel goed rechtop te zitten, vertelt Anna ze dat ze zich moeten voorstellen dat ze een kroontje opzetten en dat ze mooie juwelen om hun nek dragen waarmee ze willen pronken.

Coco tilt haar hoofd op om te zien of ze de spin op het plafond kan zien.

1 Hoofd omhoog

2 Hoofd omlaag

Hoofd omhoog, hoofd omlaag

Om de nekspieren op te warmen vraagt Anna aan de kinderen om hun hoofd op te tillen en naar het plafond te kijken en er een ingebeelde spin op te sporen. Die spin moeten ze dan met hun hoofd volgen wanneer die zichzelf naar de grond laat zakken.

Lichaamshouding

Een van de eerste dingen die je moet leren, is hoe je netjes moet zitten en staan, met je hoofd omhoog en je rug gestrekt. Hierdoor kan je beter in evenwicht blijven en zie je eruit als een echte danser.

April zit zo recht als ze kan en probeert eraan te denken haar buik in te trekken.

Door haar handen op haar schouders te leggen, kan April haar schouders beter omlaag houden en met een gestrekte rug staan.

April staat hier fout, met een gebogen rug. Anna noemt het een bananenrug.

Door je voeten te rekken en te strekken, warm je de spieren op in je benen en je voeten.

Buigen en strekken

Dansers moeten hun lichaam op heel veel verschillende manieren kunnen bewegen, en deze buig- en strekoefeningen zorgen ervoor dat je lichaam soepel en buigzaam wordt. De oefeningen moeten altijd langzaam gedaan worden om je spieren goed te strekken en op te warmen. Door deze oefeningen zittend te doen, kunnen Jamie en haar klasgenootjes zich concentreren op hun bovenlichaam.

Kikkerbenen
Met haar voeten tegen elkaar, in de vorm van een ruit, en met een rechte rug, duwt April zachtjes haar knieën naar beneden, om haar binnenste dijspieren te strekken.

Zijwaartse buigingen
Nu is het tijd om zijwaarts te buigen en te strekken. April doet alsof haar armen de takken van een boom zijn die heen en weer zwaaien in de wind. Eerst blaast de wind haar 'armtakken' naar rechts en dan naar links.

Het is erg moeilijk om voorover te buigen en tegelijk je knieën gestrekt te houden. De meisjes moeten deze strek-oefening 20 seconden volhouden, zonder hun knieën te buigen, voordat ze weer rechtop mogen gaan zitten.

Voorover buigen

De leerlingen wandelen met hun handen langs hun benen omlaag tot aan hun voeten en 'maken hun tenen wakker'. Terwijl ze dit doen, buigen ze hun rug steeds verder naar voren.

April, Jamie en Coco staan met hun voeten in eerste, tweede en derde positie. De vierde en vijfde positie zijn moeilijker en die leren ze pas later.

Balletposities

Nadat ze opgewarmd zijn, zijn de leerlingen klaar om de vijf basisposities te oefenen. Ze moeten weten hoe ze hun armen en voeten in elke positie moeten houden, want vele balletpassen die ze later leren zijn gebaseerd op deze houdingen. Eerst leren ze de armposities, dan die van de voeten, daarna worden de twee gecombineerd.

1 In de eerste positie hou je je armen licht gebogen voor je lichaam en sta je met je hielen tegen elkaar. Draai je voeten en je benen zo ver mogelijk naar buiten.

2 In de tweede positie strek je je armen opzij, met licht gebogen ellebogen en handen. Je hielen staan ongeveer een voetlengte uit elkaar en je tenen zijn naar buiten gedraaid.

3 In de derde positie hou je je ene arm zijwaarts terwijl je je andere arm naar je lichaam toe beweegt. Denk eraan dat je je handen gebogen houdt. Zet je ene voet half voor de andere.

Eerste positie

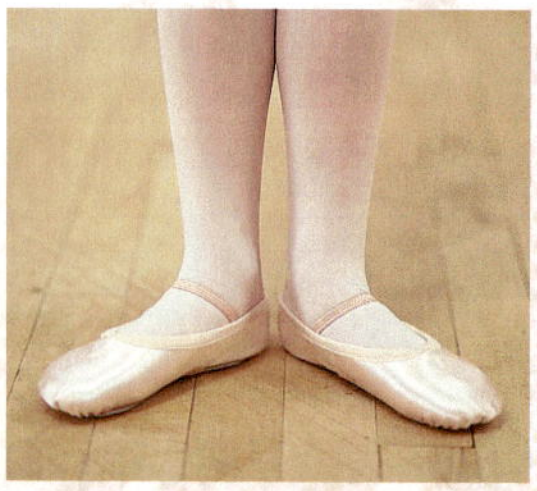

Tweede positie

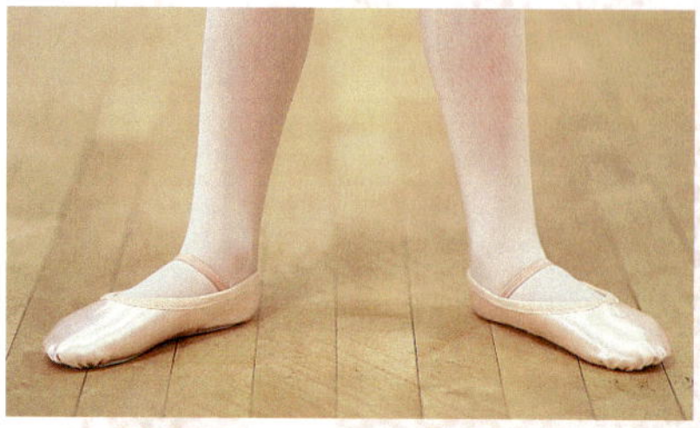

Derde positie

‘Ik kan de vijfde positie met mijn armen, maar ik heb nog niet geleerd hoe ik het met mijn voeten moet doen.’

Jamie

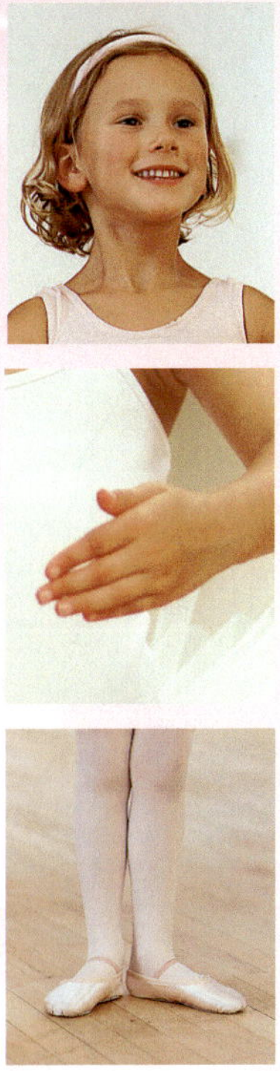

Het kan best lastig zijn om te leren hoe je vormen met je armen maakt, terwijl je benen heel andere passen moeten doen.

4 In de vierde positie hou je je ene arm lichtjes gebogen boven je hoofd en de andere zijwaarts. Zet de ene voet precies voor de andere met een kleine opening ertussen.

5 In de vijfde positie worden beide armen boven het hoofd gehouden in de vorm van een kader. De voeten moeten gekruist zijn en elkaar raken met zijwaarts gedraaide tenen.

Vierde positie

Anna draagt speciale schoenen, spitzen genoemd, om te laten zien hoe je voeten in de vierde en vijfde positie moeten staan.

Vijfde positie

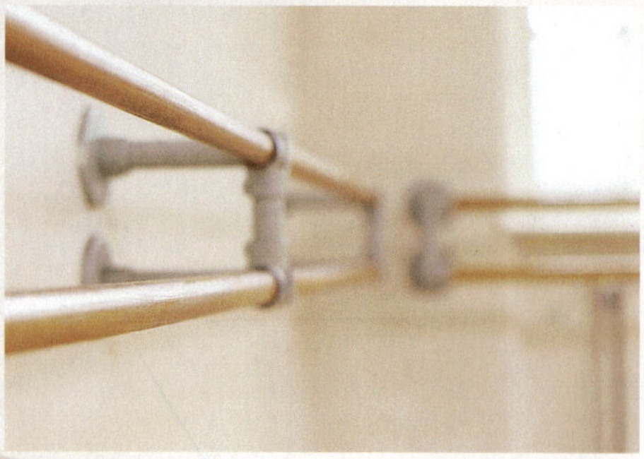

Deze dansstudio heeft twee barres op verschillende hoogte, zodat je die kan kiezen die het beste voor jou is.

Kennismaking met de barre

Nu is het tijd om enkele oefeningen aan de barre te doen. Als je je vasthoudt aan de houten stangen, kan je beter je evenwicht bewaren en je concentreren op je posities. In het begin zal je leren hoe je aan de barre moet staan en eenvoudige oefeningen doen.

Pliés

Pliés, van het Franse woord 'plier', wat 'buigen' betekent, zijn één van de eerste bewegingen die je leert en kunnen in alle vijf posities gebruikt worden. Eerst zal je een *demi plié*, een kleine kniebuiging, leren. Als je ouder bent kan je een diepe kniebuiging doen, een *grand plié* genoemd, die je hier ziet in de vijfde positie.

April oefent een demi plié in de eerste positie, met haar beide hielen op de grond.

1 *De leerlingen staan een stukje van de barre af en leggen hun twee handen er losjes op. Hun ellebogen moeten een beetje lager zijn dan hun handen.*

Franse namen

Balletpassen hebben Franse namen omdat ballet voor het eerst in Frankrijk populair werd, meer dan 300 jaar geleden.

2 *Nu komen ze zachtjes naar boven tot aan 'demi pointe', met gestrekte rug. Dit noemen we een 'relevé'.*

Nadat ze geleerd hebben aan de barre te staan met hun gezicht ernaartoe, draaien de leerlingen zijwaarts en houden ze de barre slechts met één hand vast.

Balanceren

De leerlingen zijn nu klaar om naar het midden van de zaal te komen en enkele evenwichtsoefeningen te proberen, zonder zich aan de barre vast te houden. We gebruiken ons evenwicht de hele tijd wanneer we stappen, rennen of een andere beweging uitvoeren. Maar balletdansers moeten hun lichaam perfect in evenwicht leren houden, zodat ze ingewikkelder passen kunnen uitvoeren.

Wankelen

Wanneer Jamie een *relevé* oefent in het midden van de zaal zonder de *barre* om zich aan vast te houden, is het moeilijk om niet te wankelen. Het helpt wanneer je je ogen op een vast punt voor je fixeert en er naar blijft kijken.

De dégagé

In deze oefening beweeg je je voet in een gestrekte positie. Terwijl je dit doet, leer je hoe je je gewicht langzaam van het ene been naar het andere kan verplaatsen. Later zal dit je helpen om vlug van de ene voet naar de andere te bewegen.

1 Dégagé

1 Om de *dégagé* te beginnen, sta je met je voeten in de eerste positie en je handen aan je schouders. Richt je ogen recht vooruit.

2 Dégagé

2 Schuif nu je ene voet opzij met gestrekte tenen. Probeer je voet echt helemaal te strekken zonder je gewicht daarbij te verplaatsen.

3 Dégagé

3 Zet de hiel van je gestrekte voet plat op de grond en ga rechtop staan. Je gewicht moet zich nu tussen je twee benen bevinden.

4 Dégagé

4 Denk eraan om je gewicht te verplaatsen wanneer je je andere voet strekt en hem weer naar de eerste positie verplaatst.

Op één been staan

Alle leerlingen heffen langzaam één been op, en staan zoals een flamingo, met hun handen op hun heupen om hun evenwicht te bewaren. Dan strekken ze hun armen zijwaarts en worden ze nog groter.

Huppelen, rennen en marcheren

Jamie en haar vriendinnen hebben al heel vaak gehuppeld, gerend en gemarcheerd op de speelplaats, maar bij ballet leer je hoe je deze bewegingen op een speciale manier doet. Je leert hoe je zachtjes moet rennen, hoe je bepaalde posities in de lucht vindt en hoe je je sierlijk en uitdrukkingsvol moet bewegen.

Coco houdt haar rug recht en haar voeten naar beneden gestrekt om haar sprongetjes extra hoogte te geven.

De meisjes staan in een hoek en houden hun rokje vast, klaar om door de zaal te gaan rennen.

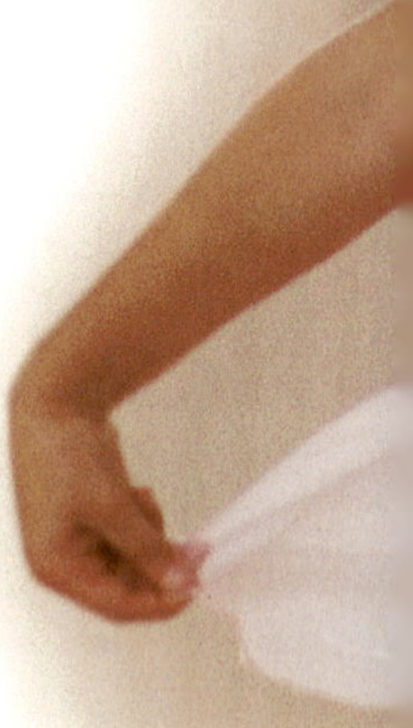

Huppelen

Terwijl je van de ene voet op de andere springt, staat je been in dezelfde houding als wanneer je op één been staat als een flamingo. Alleen moet je het dit keer in de lucht doen. Strek je tenen en houd je ene been recht en je andere gebogen.

Marcheren

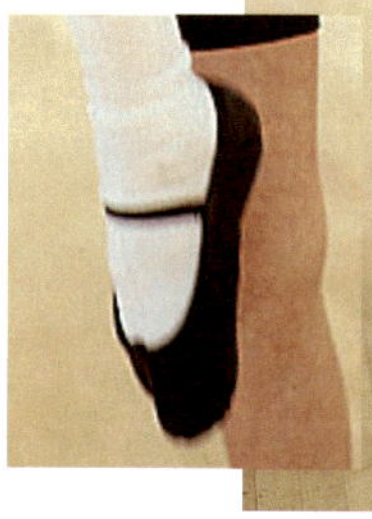

Klappen

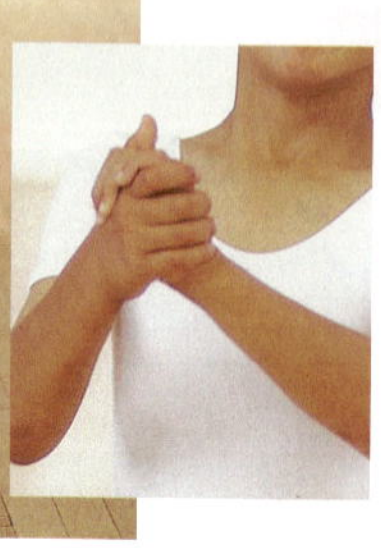

De jongens leren om de zaal op en neer te marcheren op de maat van de muziek, terwijl ze hun armen en voeten gestrekt houden. Joe's rechterarm is naar voren gestrekt terwijl zijn linkerbeen hoog opgetrokken wordt. Door te klappen kan Alex het marsritme beter aanhouden.

Je ziet duidelijk dat Jamie, April en Coco het heel leuk vinden om zachtjes op hun tippen door de zaal te rennen.

Bij ballet moeten je bewegingen licht, verfijnd en bekwaam zijn.

April en Alex kijken geboeid naar een foto van oudere leerlingen die hoge sprongen in de lucht maken. Ooit zullen zij even sterk zijn om ook zo hoog te springen.

Verschillende sprongen

Dit lesonderdeel is vlug, levendig en opwindend. Je zal een heleboel sprongen leren: vlugge sprongen, grote en verre sprongen en sprongen van verschillende hoogtes en vormen. Maar ze moeten er altijd keurig, gecontroleerd en sierlijk uitzien. Elke sprong moet ook goed voorbereid zijn, zodat je jezelf geen pijn doet.

De klas probeert de stervorm uit op de grond.

Stervorm op de grond

Om de vorm te oefenen die ze in de lucht moeten springen, gaan de kinderen eerst op de grond liggen en spreiden hun vingers en hun tenen zo ver als ze kunnen. Ze moeten dit onthouden om deze vorm ook in de lucht te kunnen maken.

Joe denkt eraan zijn handen en tenen volledig te strekken wanneer hij een stersprong probeert te maken!

Klaar om te springen

Het is belangrijk je goed voor te bereiden voor je gaat springen. Buig eerst je knieën en stel je voor dat je een raket bent die gaat opstijgen. Duw je af tegen de grond en explodeer in de lucht.

De jongens houden van dit levendige lesonderdeel. Wanneer hun spieren sterker worden, zullen ze ingewikkelder sprongen leren.

Alex en Joe stellen zich voor dat ze over krokodillen springen. Ze moeten heel hoog springen als ze niet door de krokodillen gebeten willen worden!

'Dit is mijn favoriete lesonderdeel. Ik kan al heel hoog springen.'

Joe

De leerlingen staan rond de piano en luisteren aandachtig naar de muziek.

Improvisatie

Aan het eind van iedere les laat Anna de kinderen hun eigen dans bedenken. Eerst luisteren ze naar de pianomuziek. Daardoor kunnen ze beter beslissen wat voor dans ze willen uitvoeren. Is de muziek langzaam of snel? Moet hun dans vrolijk of treurig zijn? Nu kunnen de kinderen zich vermaken, hun fantasie gebruiken en hun eigen verhaal dansen.

De ruimte gebruiken

De leerlingen verspreiden zich, om elkaar voldoende ruimte te geven. Soms moet je op een podium samen met heel veel andere dansers dansen; dan moeten je bewegingen klein en gecontroleerd zijn. Soms heb je meer ruimte voor grotere bewegingen.

Uitdrukking

Dansers moeten hun verhaal zonder woorden vertellen. Ze gebruiken hun lichaam en hun bewegingen om zich uit te drukken.

De leerlingen oefenen verschillende gelaatsuitdrukkingen om het publiek te vertellen wat ze voelen. De stand van het hoofd, de ogen en de mond kunnen allemaal gevoelens helpen overdragen.

Bang

Bedroefd

Boos

Vrije dans

Als ze ouder zijn, zullen de kinderen in balletvoorstellingen optreden waarvan de verhalen vaak erg bekend zijn, en de passen opgeschreven zijn. Maar nu kunnen ze hun eigen verhalen verzinnen en hun favoriete passen gebruiken.

Voor ze aan hun dans beginnen, helpen de meisjes elkaar met het aantrekken van hun tutu. Ze knopen de mooie linten met een keurige strik om hun middel.

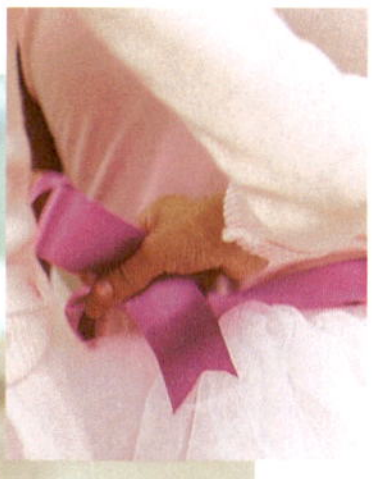

Verkleden hoort bij het optreden en de kinderen vinden het leuk om verschillende kleren te dragen. In deze mooie, witte tutu voelt April zich net een sprookjesprinses, en dat zie je aan haar dans.

Verlegen

Blij

Een dansdag

Een balletles bestaat uit zoveel verschillende onderdelen en er is zoveel te leren! Sommige dingen zal je meteen gemakkelijk vinden en voor andere dingen moet je langer oefenen. Je vindt sommige onderdelen misschien leuker dan andere. Maar alle onderdelen zijn belangrijk en maken deel uit van een dansdag.

Artistiek

Opwarmen: *het begin van de les is langzaam en rustig. Oefeningen om je handen, je armen en je benen op te warmen bereiden je voor op actievere bewegingen later tijdens de les.*

Leuk

Lichaamshouding: *soms kunnen oefeningen leuke fantasiespelletjes worden. Doen alsof je een kroon draagt helpt je om rechtop te zitten.*

Vriendelijk

Samenwerken: *tijdens dit lesonderdeel maken de kinderen zich klaar om met een vriendje door de zaal te galopperen.*

Actief

Heel hoog springen: *voor dit lesonderdeel heb je heel veel energie nodig om zo hoog mogelijk te springen, nu je spieren opgewarmd zijn.*

Fantasierijk

Improviseren: *nu kun je je fantasie gebruiken om zelf een dans te verzinnen. Je kan alle dingen die je net geleerd hebt eens uitproberen.*

Dankbaar

Afscheid nemen: *aan het eind van elke les ga je in de rij staan om afscheid te nemen van je lerares en haar te bedanken. Je doet dit met een revérence of een buiging.*

Jamie helpt Amy om de mooie linten van haar spitzen *te strikken.*

Spitzen

Jamie kan nauwelijks wachten tot ze *spitzen* mag dragen. Maar ze zal toch moeten! Je voeten en benen moeten erg sterk zijn om je gewicht op je tenen te kunnen dragen. Dit is waarschijnlijk zo als je zo'n jaar of elf bent en al verschillende jaren balletlessen hebt gevolgd. Maar zelfs dan zal je de *spitzen* slechts kort dragen aan het eind van elke les. Het zal nog vele jaren duren en heel wat oefening kosten voor je echt kan beginnen met dansen op *spitzen*.

1 Om de linten te strikken, hou je ze halverwege vast.

2 Neem de linten en kruis ze over de voorkant van je voet zodat ze plat tegen je enkel liggen.

3 De linten worden achteraan gekruist en dan met een knoop aan de binnenkant van je been, net boven je enkel vastgeknoopt.

4 Stop de uiteinden van het lint onder de knoop, zodat het er netjes en verzorgd uitziet en gemakkelijk zit.

Jamie stelt zich voor hoe het zou zijn om spitzen *te dragen. Haar lerares zal het haar vertellen wanneer ze sterk genoeg is. Dan moet ze zelf voor haar schoenen leren zorgen en de linten er zelf kunnen aannaaien.*

Spitzen

Spitzen werden erg populair omdat de ballerina's er zo sierlijk in uitzagen. De harde neuzen van de schoenen zijn gemaakt van verschillende lagen katoen en lijm om de tenen te ondersteunen. De buitenkant is van satijn, wat heel gemakkelijk verslijt. Soms verslijten dansers wel drie paar spitzen tijdens één optreden.

5 De linten ondersteunen je enkels zodat die sterk zijn wanneer je op de toppen van je tenen danst.

De leerlingen kijken heel opgewonden naar de oudere leerlingen. Anna wil dat ze zich vermaken, maar ook leren van wat ze zien.

Kijk wat ik kan!

De kinderen hebben hard gewerkt tijdens de les en Anna vindt dat ze vandaag een beloning verdienen. Nu is het hun beurt om toe te kijken hoe enkele oudere leerlingen uit de school tonen wat ze geleerd hebben en de kinderen laten zien wat ze zelf ook ooit zullen kunnen, als ze hard blijven oefenen.

Joe is geïnspireerd door Martins sprong en wil het zelf proberen.

Joe probeert zoals Martin te springen. Hij doet het erg goed, maar zijn spieren moeten nog sterker zijn om net zo hoog te kunnen springen.

Concentratie

Het is moeilijk om eraan te denken dat je je armen en vingers gestrekt moet houden terwijl je in de lucht bent. Je moet ook al aan de landing denken.

‘Het is een fantastisch gevoel wanneer je in de lucht bent, maar je moet je de hele tijd concentreren.’

Martin

Bij Martin ziet deze grote sprong, de grand jeté *genoemd, er gemakkelijk uit, en even lijkt het alsof hij door de lucht vliegt, volledig gewichtsloos.*

Voorbereiding

Martin moet volledig opgewarmd zijn voor hij een sprong mag wagen. Hij doet vooral oefeningen om zijn been- en voetspieren te verstevigen. Hoe beter de voorbereiding, hoe beter de sprong.

Amy's hele lichaamsgewicht balanceert op haar gestrekte tenen zodat ze Martins ondersteunende hand nodig heeft.

Arabesque *op* pointe

Pas de Deux

Na Martins indrukwekkende solo, wil Amy de kinderen laten zien hoe een jongen en een meisje die samen dansen dingen kunnen doen die je niet in je eentje kan, zoals langer balanceren of hoog in de lucht opgetild worden. Dit dansende partnerschap wordt *pas de deux* genoemd en kent de mooiste en meest romantische bewegingen uit het ballet.

Partners

Hoewel balletleerlingen de moeilijke bewegingen van de *pas de deux* pas op hun vijftiende of zestiende leren, zullen ze al vanaf het begin leren dansen met een partner. Het meisje moet kracht ontwikkelen om de posities aan te houden en de jongen moet sterk zijn om het meisje te ondersteunen en op te tillen.

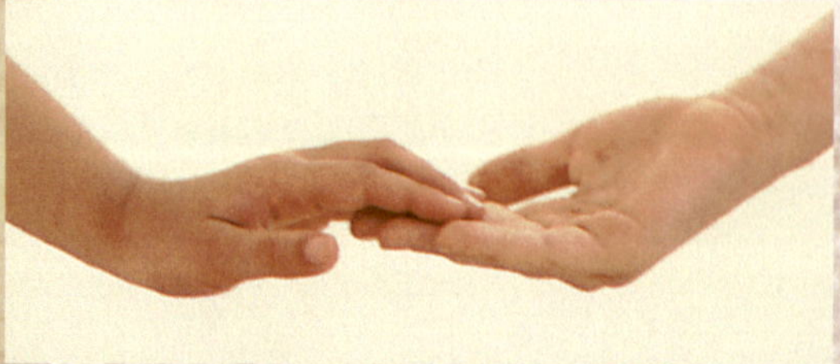

Partners moeten goede vrienden zijn, klaar om elkaar te helpen en te vertrouwen.

Arabesque

Een danser moet perfect in evenwicht zijn om deze prachtige beweging te kunnen uitvoeren, waarbij de armen en benen heel ver uitgestrekt worden in een lange lijn. Martins houding past bij de lijn van Amy's positie.

Martin is sterk genoeg om Amy op te tillen en haar in deze duikpositie vast te houden. Amy moet volledig op hem kunnen vertrouwen, zodat ze zich op haar houding kan concentreren.

Jamie ervaart hoe het voelt om hoog opgetild te worden op Martins schouders. Het is heel hoog, maar ze is niet bang, want ze weet dat Martin haar goed vasthoudt.

‘Anna liet ons een kostuum zien uit het ballet Het Zwanenmeer. Het is zwart omdat het wordt gedragen door de boze, zwarte zwaan, maar toch is het heel mooi.’

Coco

De kinderen kunnen hun enthousiasme nauwelijks verbergen en er barst een luid applaus los wanneer Martin en Amy terug in de studio komen met hun mooie kostuums aan.

Balletvoorstelling

Voor het laatste onderdeel van hun demonstratie, trekken Amy en Martin hun podiumkostuums aan en geven een voorstelling. Hun kostuums zijn prachtig, maar ze moeten ook praktisch zijn. De dansers moeten zich er vrij in kunnen bewegen en het publiek moet de bewegingen die ze met hun lichaam maken goed kunnen zien.

Martin moet precies op de goede plaats staan, zodat hij Amy kan ondersteunen, zonder haar bewegingen te hinderen.

Attitude derrière

Deze positie is vergelijkbaar met een *arabesque*, maar in plaats van het opgeheven been gestrekt naar achteren te houden, moet je het buigen. De arm wordt in de vijfde positie gehouden.

Révérence

Aan het eind van een les of een optreden maken de mannelijke dansers korte buigingen en de danseressen diepe, sierlijke buigingen om de leraar te bedanken of het publiek voor hun applaus. Deze buiging heet een *révérence*.

Het is veel moeilijker voor Martin om Amy vast te houden of op te tillen wanneer ze haar tutu draagt.

Aan het eind van het optreden mag Jamie een bos bloemen aan Amy geven, om de waardering van de hele klas te tonen.

De kinderen trekken hun kostuum aan, gaan zich schminken en maken zich klaar voor hun eerste optreden.

Tijd voor onze show!

De afgelopen maanden hebben de kinderen hard gewerkt aan een eigen voorstelling. Ze kijken ernaar uit om aan iedereen te laten zien wat ze geleerd hebben. Wanneer je voor de eerste keer op een podium moet dansen, ben je misschien wat verlegen, maar het is leuk om het publiek aan het eind te horen klappen, omdat de mensen er echt van genoten hebben naar jou te kijken.

Jamie tekent snorharen op Aprils wangen, zodat ze er als een kat uitziet.

Alex danst een vossendans.

Joe is een straatjongetje.

Personage

De kinderen hebben allemaal een stuk dat ze alleen moeten dansen. Ze gebruiken hun kostuums bij het dansen; Alex draait met zijn staart en Joe met zijn hoed.

Make-up

Bij een optreden hoort behalve een kostuum ook make-up, om je in een ander personage te veranderen. De dansers leren hoe ze zichzelf moeten schminken. Ze weten dat ze de make-up er vrij dik moeten opdoen, zodat het publiek dat achteraan zit het ook kan zien.

Kostuum

Door een kostuum te dragen kan je het publiek heel duidelijk laten zien wie of wat je wilt zijn. Soms is een eenvoudig kostuum al voldoende. Een lange staart die aan een balletpakje genaaid is en een haarband met oren eraan, veranderen je meteen in een kat.

Jezelf opmaken om er anders uit te zien is leuk, en April geniet ervan.

April de kat gaat zo aanvallen!

April doet een kat na met langzame, sluipende passen.

‘Het is alsof ik betoverd ben als ik dans. Als ik groot ben, wil ik balletdanseres worden.’

Jamie

Jamie’s dans

Sommige balletten vertellen een verhaal, andere balletten gaan over ideeën of gevoelens, en sommige balletten willen alleen maar het kunnen van de dansers laten zien. Maar alle soorten ballet zijn bedoeld om gezien te worden door een publiek, in tegenstelling tot andere danssoorten. Wanneer Jamie haar dans van de sprookjesprinses danst, doet ze dat niet alleen voor zichzelf, maar ook voor het plezier van haar familie en vrienden.

De gelukkige prinses

Jamie heeft de passen die ze in de les geleerd heeft gecombineerd, om er een dans over een sprookjesprinses van te maken. Ze tolt, draait en springt in de lucht, ze danst sierlijk en met gevoel, net zoals een sprookjesprinses.

De bloemen

Aan het eind, wanneer ze klaar is met haar dans en het publiek applaudisseert, voelt Jamie zich erg gelukkig. Ze buigt voor het publiek en dit keer krijgt zij een bos bloemen, omdat ze zo'n mooie voorstelling heeft gegeven en zo goed gedanst heeft!

Jennifer

April

Joe

Coco

Jamie

Alexei

'Het is fantastisch om ballet te leren. Ik vind het leuk omdat de lerares aardig is en omdat ik veel nieuwe vrienden heb leren kennen en omdat het echt leuk is.'

April

Woordenlijst

A

Arabesque: een houding waarbij je op één been staat, terwijl je het andere been gestrekt naar achteren houdt.
Attitude derrière: een houding waarbij je op één been staat, terwijl je het andere been gebogen naar achteren houdt.

B

Balletpakje: de strakke kleding die door de dansers gedragen wordt.
Barre: een houten stang langs de wand van de balletstudio om je te helpen je evenwicht te bewaren terwijl je je oefeningen doet.

D

Dégagé: houding waarbij je je voet zijwaarts, voorwaarts of achterwaarts strekt (in afwachting van een beweging).
Demi plié: een halve of kleine kniebuiging.
Demi pointe: wanneer je op de bal van je voet staat.

G

Grand jeté: een grote, verre sprong met gestrekte benen in de lucht.
Grand plié: een volledige, diepe kniebuiging.

L

Lichaamshouding: de manier waarop je staat of zit.

P

Pas de deux: twee personen die samen dansen.
Plié: het buigen van je knieën.

R

Relevé: houding waarbij je je lichaam omhoog brengt en op je tenen gaat staan.
Révérence: de buiging aan het eind van de les of van een voorstelling.

S

Spitzen: balletschoenen met linten en een hard deel bij de tenen, die gedragen worden door danseressen wanneer hun voeten sterk genoeg zijn na vele jaren van training.
Studio: de zaal waarin je leert dansen.

T

Tutu: een kostuum met een wijd uitstaand tulen rokje.

Register

Dankbetuigingen

De uitgever wil graag de volgende personen bedanken voor hun hulp bij de voorbereiding en totstandk oming van dit boek:

Central School of Ballet, 10 Herbal Hil Clerkenwell Road, Londen EC1R 5EG (www. centralschoolofballet.co.uk) voor hun vriendelijke toestemming om het boek daar te fotograferen.

Bijzondere dank aan CSB Director Jane Hackett voor haar optreden als raadgever en aan lerares Anna Berryman die zo vriendelijk was voor de kinderen; seniorleerlingen Martin Bell en Amy Grubb; junior CSB leerlingen Jo Cowley, Jennifer Grigg, April Gunawardena, Cosima Littlewood, Jamie-Rose Simpson en Alexei Winder; fotograaf David Handley. Dank ook aan Lisa Lanzarini en Catherine Saunders die allebei echt fantastisch waren tijdens de foto-opnames.